Quart Verlag Luzern   Anthologie 31

Alexandre Clerc ACARCHITECTES

T0287825

Alexandre Clerc
31. Band der Reihe Anthologie

Herausgeber: Heinz Wirz, Luzern
Konzept: Heinz Wirz; Alexandre Clerc ACARCHITECTES, Freiburg
Projektleitung: Quart Verlag, Antonia Wirz
Übersetzung Französisch–Deutsch: Christian Rochow, Berlin
Textlektorat Deutsch: Miriam Seifert-Waibel, Hamburg
Fotos: Yves Eigenmann, Freiburg S. 6, 8–10, 12, 15, 22, 24, 25–27, 46, 48, 49, 51; Thomas Jantscher, Colombier S. 16, 18–20, 34, 36–38, 40, 42, 43, 45, 52, 54–56
Visualisierungen: Maaars, Zürich S. 28, 31, 32, 58, 61
Grafische Umsetzung: Quart Verlag, Antonia Wirz
Lithos: Printeria, Luzern
Druck und Bindung: DZA Druckerei zu Altenburg GmbH

© Copyright 2015
Quart Verlag Luzern, Heinz Wirz
Alle Rechte vorbehalten
ISBN 978-3-03761-111-1

Ebenfalls publiziert in Französisch (ISBN 978-3-03761-122-7)

Quart Verlag GmbH
Denkmalstrasse 2, CH-6006 Luzern
www.quart.ch

Anthologie 31 – Notat

Heinz Wirz

Es ist faszinierend – und wir vergessen darob die Zeit – dem Freiburger Alexandre Clerc zuzuhören, wenn er über jedes einzelne Gebäude nachdenkt, die architektonischen Überlegungen ausbreitet und die Geschichten der Entwürfe und der Bauten selbst nachzeichnet. Es sind nicht wenige Bauten, die das junge Team um Alexandre Clerc bereits realisiert hat oder bis 2018 noch ausführen wird. In freier Assoziation werden die Bauten hier unter den Stichworten «Verschwinden» und «Erscheinen» in zwei Gruppen aufgeteilt. Es sind zum einen Gebäude, die sich bewusst in die vorgegebene städtebauliche Umgebung, deren Morphologie und Topografie eingliedern, sich selbst gleichsam auflösen und darin verschwinden. Zum andern sind es Gebäude, die selbstbewusst in die Umgebung eingesetzt werden, darin eine markante Figur bilden, die den Ort prägen, gestalten und diesen so aufwerten.

Für Ersteres ist die Grundschule in Saint-Cierges ein anschauliches Beispiel. Während die übrigen Teilnehmer des Wettbewerbs das neue Schulgebäude an der Strassenlinie platzierten, setzte das Architektenteam das Gebäude – in das Gelände eingebettet – an die der Strasse entfernteste Ecke des Terrains. Das Projekt spannt einen neuen öffentlichen Platz auf, einen eigentlichen Dorfplatz, und schafft damit eine neue ungeahnte Qualität für die Gemeinde. Thema des neuen Gebäudes ist auch die Topografie. Die bestehende Mauer, die das Gelände terrassiert, wird übernommen und mit einer raffinierten Geste mit dem neuen Bauwerk verzahnt.

Für das zweite Thema steht stellvertretend der Wohnbau mit 18 Wohnungen in Freiburg. Das sechsgeschossige Gebäude behauptet sich in der Umgebung von mehrgeschossigen Wohnbauten und bildet das «Scharnier» in der bestehenden Bautenkonstellation. In seinem Äussern repräsentiert es sachlich und edel die Wohnfunktion. In der Anlage der Innenräume und eingezogenen Loggien löst es mit hoher Qualität den Anspruch zeitgenössischen Wohnungsbaus und moderner Lebensformen beeindruckend ein.

Luzern, im Juli 2015

Therapeutisches Tageszentrum, Givisiez
Wettbewerb 2004, 1. Preis, Realisierung 2005–2006

Das therapeutische Tageszentrum mit Lehrbetrieb befindet sich in einem
Park, der sich durch starke Höhenunterschiede, eine reizvolle Vegetation
und das Vorhandensein alter Herrenhäuser auszeichnet. Anstatt die unter
psychischen Problemen leidenden Kinder auszugrenzen galt es, ein grosses
Haus zu entwerfen, dessen Erscheinungsbild den Anstaltscharakter nicht
verrät. Die Aufteilung im Inneren musste sehr klar sein, damit die Kinder
sich im Tagesablauf zurechtfinden. In Reaktion auf den Höhenunterschied
im Terrain wurden die Nutzungen geschossweise verteilt.
Im Parterre, das von der Strasse zurückversetzt ist, sind die Zugänge und
alle therapeutischen Einrichtungen untergebracht. Im höher gelegenen Erdgeschoss, das in Verbindung mit dem Garten steht, finden sich alle Funktionen, die mit dem sozialen Lernen zusammenhängen (Aufenthaltsräume,
Speisesaal, Freizeitsaal und Räume zum Alleinsein). Im ersten Obergeschoss befinden sich vier Klassenzimmer für jeweils bis zu zehn Kinder.
Die Materialwahl setzt auf Schlichtheit und Natürlichkeit: Das Holz prä-
sentiert sich glatt und gemütlich, der Putz rau und unregelmässig. Die
Flure sind in Sichtbeton ausgeführt.

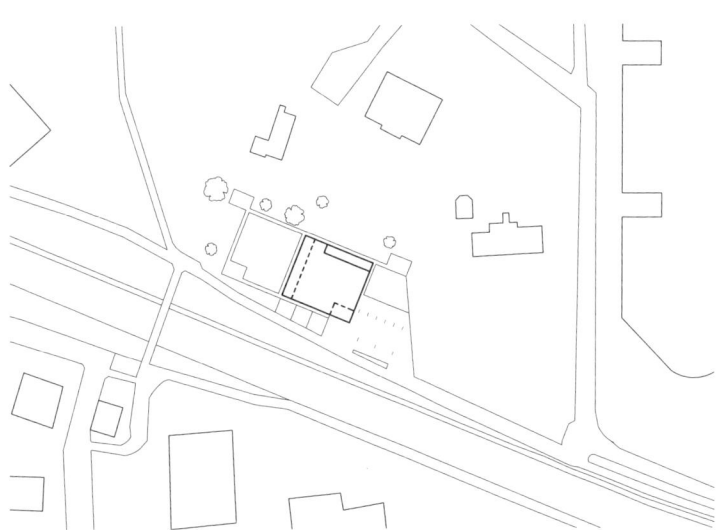

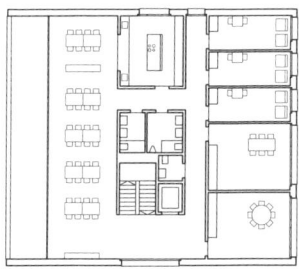

10 m

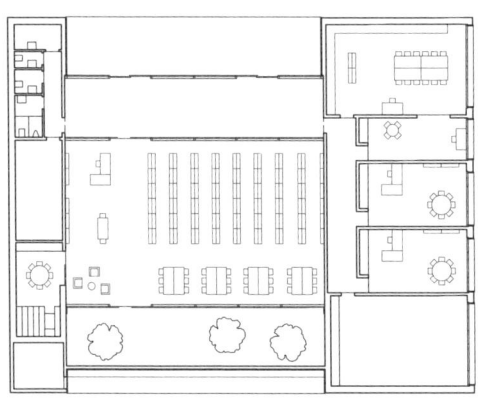

10 m

Oberschule, Domdidier
Wettbewerb 2006, 1. Preis, Realisierung 2008–2009

Der Ausbau der Oberschule des Broyebezirks in Domdidier befindet sich
in einem Kontext von frei stehenden Gebäuden, die sich auf einen zum
Dorfzentrum ausgerichteten Platz beziehen. Die Charakteristik dieser
baulichen Situation wurde durch die Errichtung zweier ergänzender Gebäude an den Enden des Pausenhofs verstärkt. Wie bei den bestehenden
Gebäuden sind auch hier die Eingänge auf diesen Bezugspunkt ausgerichtet, der begrünt und von schachbrettartig angelegten, gepflasterten
Wegen durchzogen ist.
Das erste, eingeschossige Gebäude nimmt die öffentlichen und gemein-
schaftlichen Bereiche des Schulkomplexes auf (Bibliothek, Zentrum für
Berufsorientierung, Schulpsychologe und Saal für psychomotorische Übun-
gen). Die Bibliothek ist von aussen durch den Eingangsbereich einsehbar.
Ein Innenhof führt Tageslicht in ihr Inneres und eröffnet die Möglichkeit,
an einem besonders ruhigen Ort unter freiem Himmel zu lesen.
Das zweite Gebäude enthält eine Einfachsporthalle, einen Naturwissen-
schaftsraum und sechs Klassenzimmer. Das Innere der Sporthalle ist von
der Eingangshalle aus durch ein grosses Fenster einsehbar.

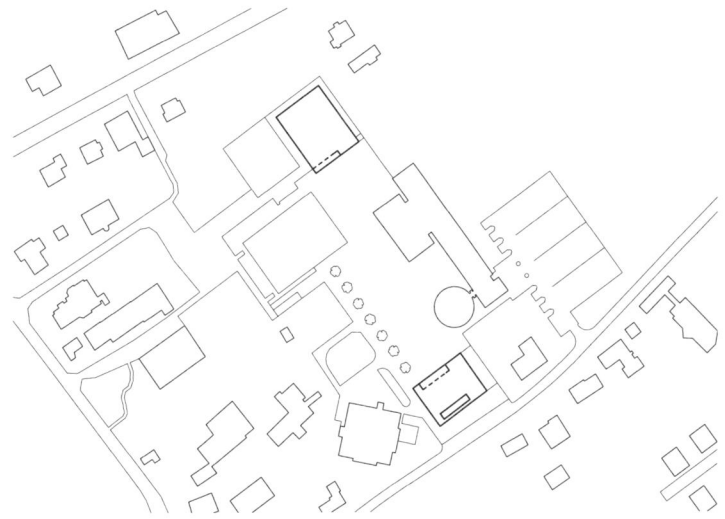

Einfamilienhaus, Bonnefontaine
Projekt 2008, Realisierung 2009

Ein Ehepaar mit erwachsenen Kindern wünschte sich ein der aktuellen Familiensituation angepasstes Haus. Schlaf- und Wohnbereich sollten auf einer
Ebene liegen, zudem sollte Platz für die Enkel vorhanden sein. Das Grundstück befindet sich ausserhalb des Dorfs ca. 1 Meter über der Dorfstrasse.
Der Ausblick ist wunderschön, aber das Gelände nicht windgeschützt.
Die Entwicklung des Projekts musste die Verteilung auf drei Halbgeschossebenen berücksichtigen. Die erste, mit Anschluss an die Strasse,
beherbergt die Garage für zwei Autos. Auf der zweiten Ebene befinden
sich der Wohn- und Schlafbereich, die dritte liegt über der Garage und
ist das Reich der Enkel. Die Dachfläche vereint die drei Funktionen. Auf
der Hauptebene befindet sich ein Loggia, die dank eines grossen Schiebefensters sowohl als geschlossener wie auch als windgeschützter Aussenraum genutzt werden kann. Dieser Raum fungiert als Übergang zwischen
allen Wohnbereichen. Der Grundriss ist versetzt um diesen Raum angeordnet, um Querblicke zu ermöglichen und grosse Erschliessungsflächen
zu vermeiden. Die gesamte Etagenfläche ist offen, nur die dienenden Bereiche sind geschlossen.

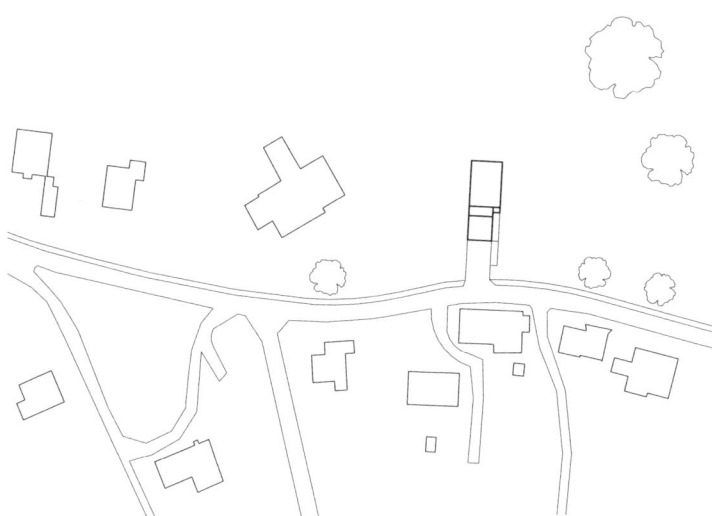

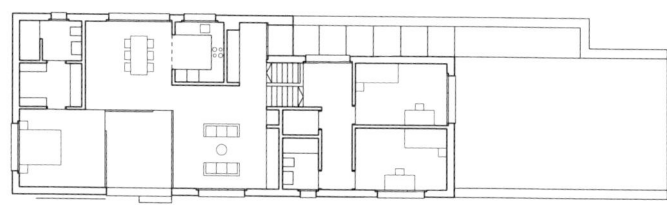

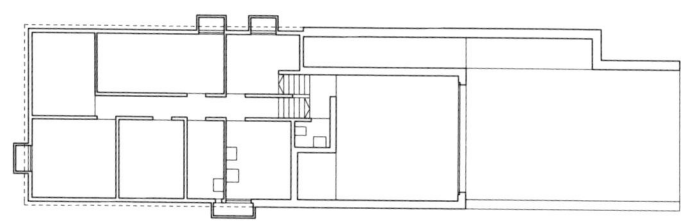

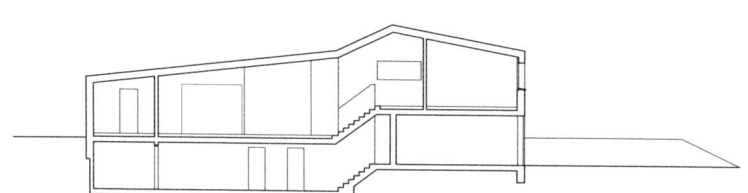

14   10 m

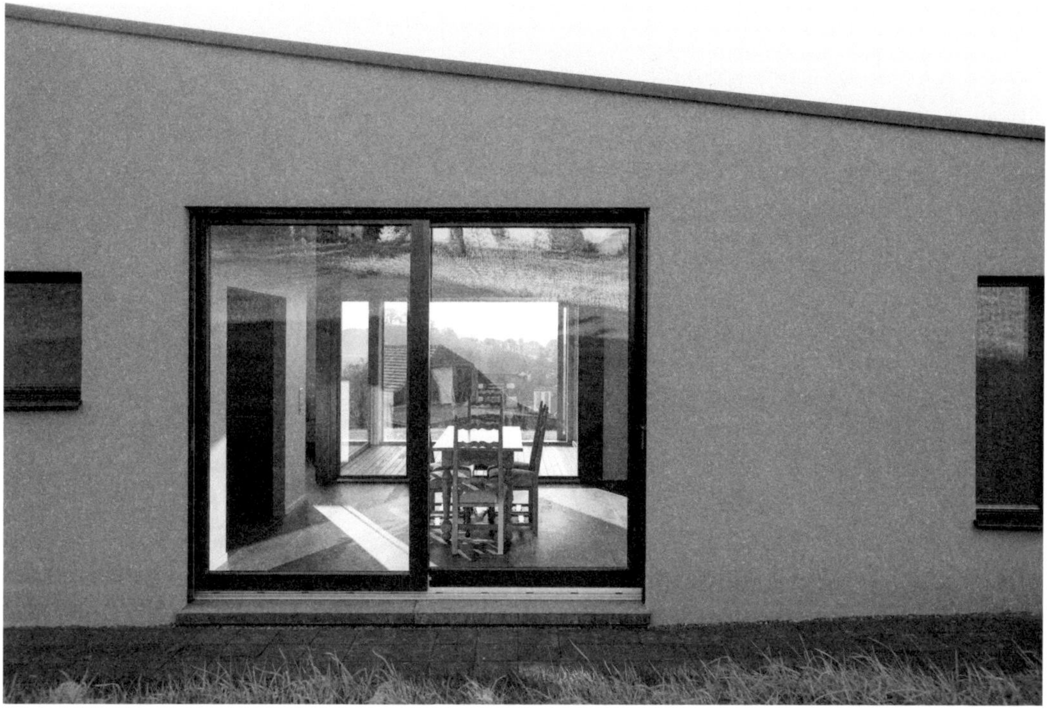

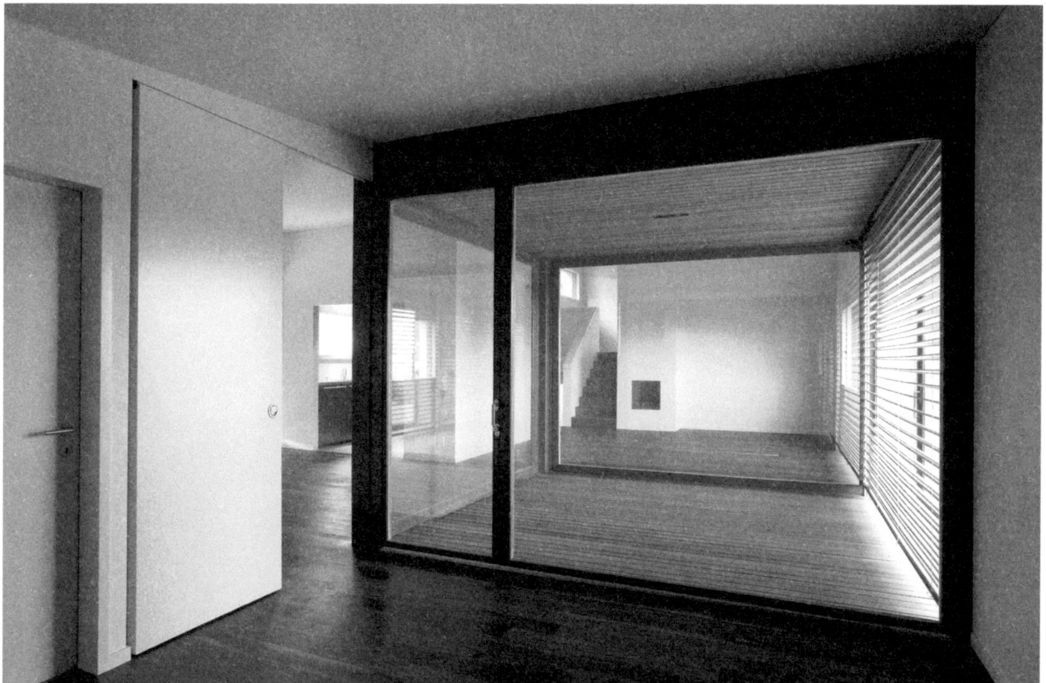

Primarschule, Saint-Cierges
Wettbewerb 2009, 1. Preis, Realisierung 2010–2011

Das Dorf Saint-Cierges ist baulich durch geschlossene Strassenfronten charakterisiert. Die einzige unbebaute Fläche bildet der Pausenhof beziehungsweise Dorfplatz. Die bestehende Schule ist das einzige Gebäude an diesem zentralen Platz, der durch eine grosse baufällige Mauer abgegrenzt wird.

In einem ersten Schritt wurde diese Einfassungsmauer wiederhergestellt und das neue Schulgebäude am Ende des Platzes mit ihr verbunden, um diesem wichtigen Aussenraum wieder Gestalt zu geben. Das Spiel der Ausschnitte aus dem Volumen weist auf die überdachten Zugänge zu den tiefer beziehungsweise höher gelegenen Etagen hin. Die Typologie des Grundrisses ist die Folge der schrägen Form des Aussenraumes und ergibt zugleich einen dynamischen Rahmen für die unteren Zugangsflure. Die neue Schule bietet, auf drei Geschosse verteilt, fünf Klassenzimmer, einen Flur und ein Lehrerzimmer. Der Entwurf lässt das historische Gebäude als Solitär bestehen, der sich seinen Freiraum gegenüber dem Dorf bewahrt. Das neue Gebäude nutzt die Schräglage des Geländes, um sich optisch nicht in den Vordergrund zu drängen.

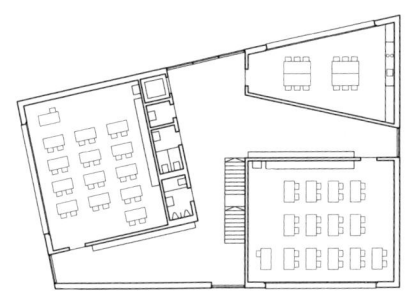

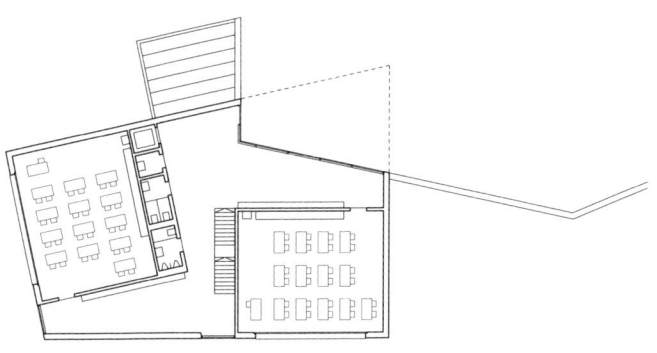

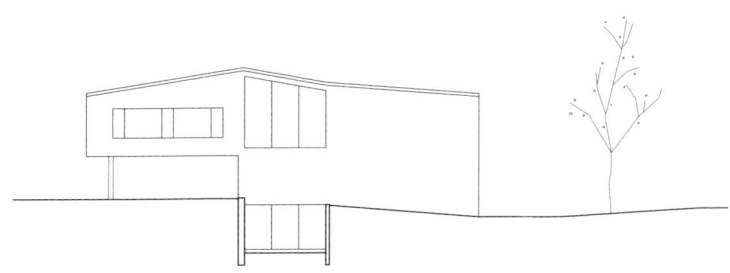

10 m

Einfamilienhaus, Marly
Projekt 2012, Realisierung 2013

Das Einfamilienhaus steht auf einem stark geneigten Gelände. Es wendet sich dem Waldrand zu, während sich rückseitig ein Viertel mit sehr uneinheitlichen Häusern befindet. Das Gebäude wurde bewusst im oberen Teil des Grundstücks errichtet; nur der Eingang stellt eine Verbindung zum Kontext des Quartiers her. Sonst gibt es an der Nord- und der Ostfassade keine weiteren Öffnungen.
Die zwei Geschosse sind zum Wald hin ausgerichtet, ihre Räume sind ausschliesslich an der Süd- und der Westfassade geöffnet. Die Tagesräume befinden sich im Obergeschoss, wo es eine Terrasse in der Höhe der umliegenden Baumkronen gibt. Dieser Raum dient zugleich als Übergang zwischen Ess- und Wohnbereich. Im Zentrum des Gebäudes befindet sich der Zugang zum unteren Geschoss mit den Schlafzimmern. Dank eines Oberlichts werden auch die Erschliessungsflächen des Untergeschosses gut belichtet. Durch einen unabhängigen Zugang gelangt man in den Garten.
Die verwendeten Materialien sind weisslicher Beton und Holz. Durch Letzteres werden die Einschnitte im Volumen und die Öffnungen des Gebäudes an den Fassaden farblich herausgehoben.

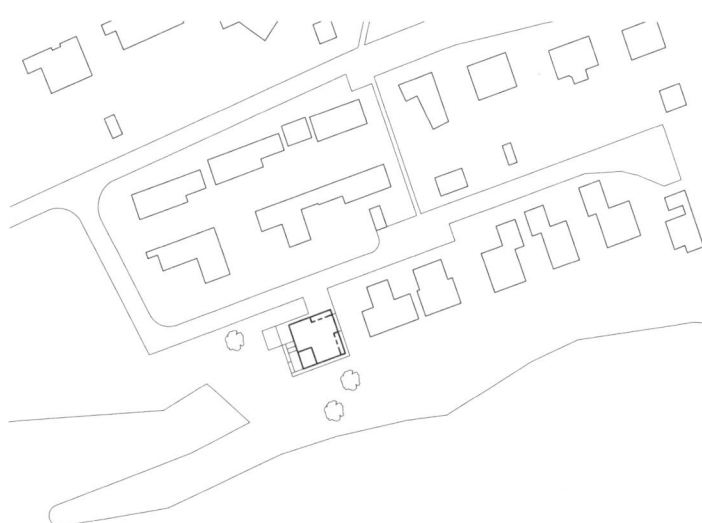

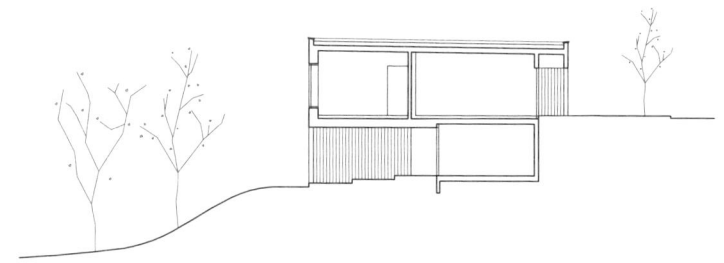

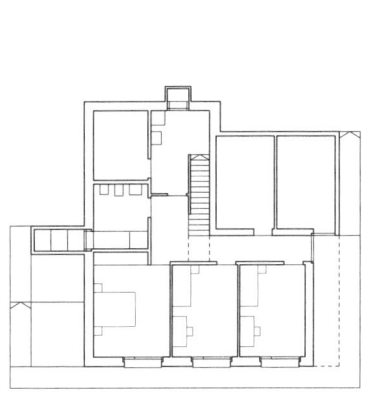

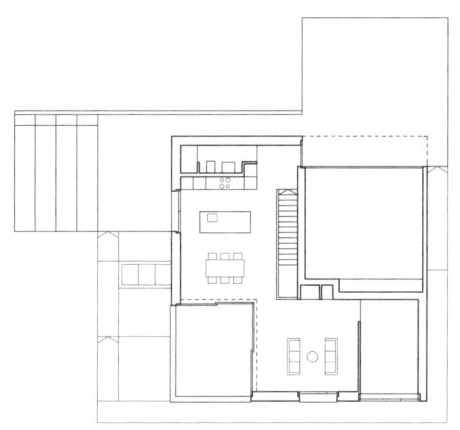

10 m

Sekundarschule Gilamont, Vevey
Wettbewerb 2013, 1. Preis, Realisierung 2015–2018

Die Schule von Gilamont umfasst 61 Klassenzimmer beziehungsweise Fachräume sowie Räume mit Gemeinschaftsfunktionen (eine Dreifach-sporthalle, eine Aula, ein Restaurant und eine Bibliothek). Dieses Programm ist in einem einheitlichen Volumen untergebracht, das so platziert ist, dass klare Aussenräume definiert werden. Auf der einen Seite befindet sich der Pausenhof, der zugleich auch Quartiersplatz ist, auf der anderen liegen die bestehenden Sportanlagen. Durch eine leichte Drehung der Gebäudegeometrie werden die Eingänge, der eine am Platz und der andere am kanalisierten Bett des Vivisbachs, deutlich herausgestellt. Das Projekt nutzt zudem die Geländeneigung, um die Nutzungen präzise zu formulieren. Die Gemeinschaftsfunktionen stehen in direkter Beziehung zu den Aussenräumen. Auf der unteren Ebene gibt es einen direkten Zugang zur Sporthalle, auf der oberen befindet sich der Zugang zur Schul- und Gemeindebibliothek, zur Aula und zum Restaurant. Die Unterrichtsfunktionen verteilen sich auf die drei Obergeschosse. Die Klassenzimmer sind am Rand untergebracht, während die Fachräume auf einen Innenhof ausgerichtet sind, der zugleich für eine Belichtung von oben in der Sporthalle sorgt.

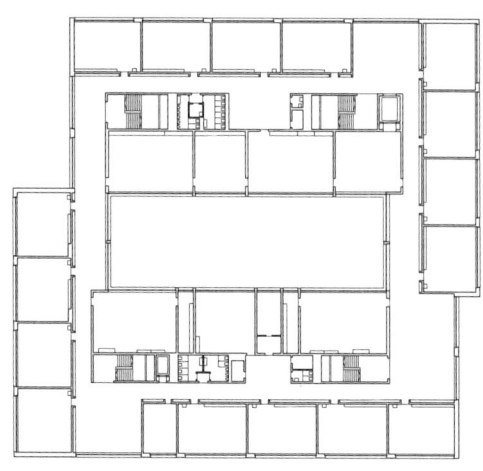

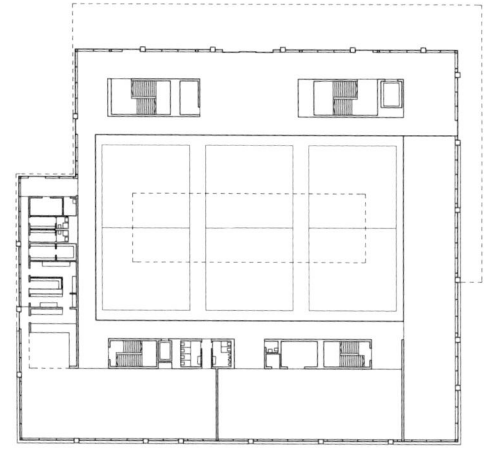

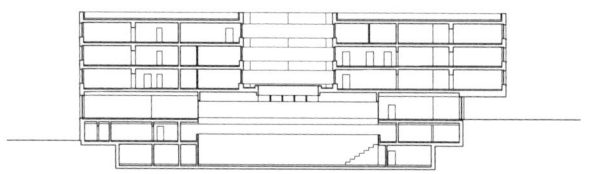

40 m

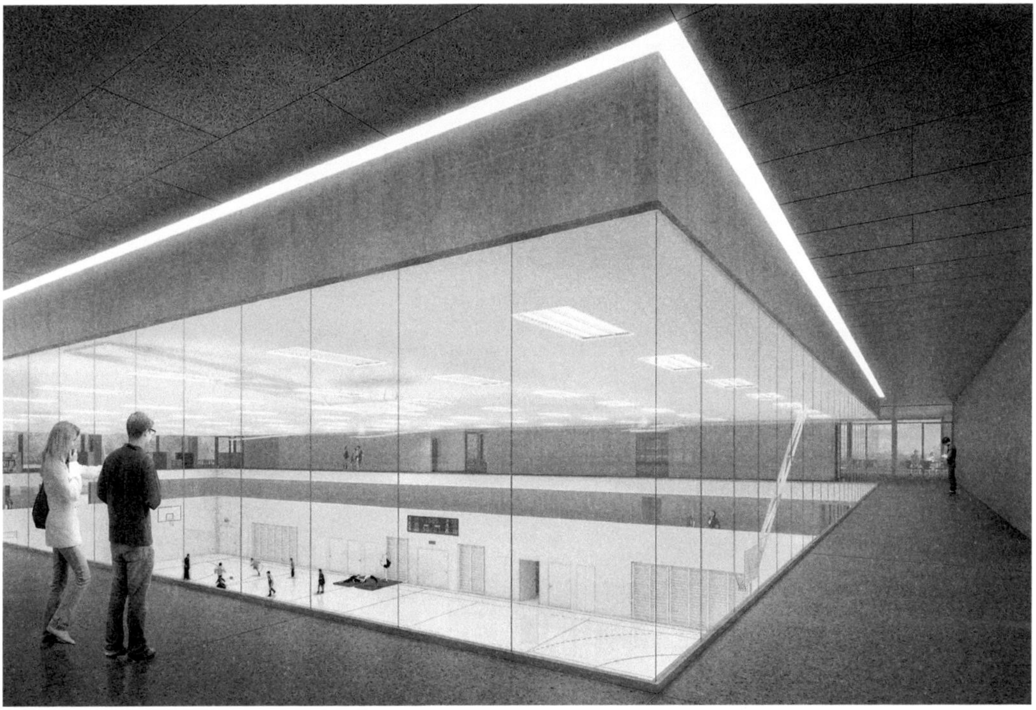

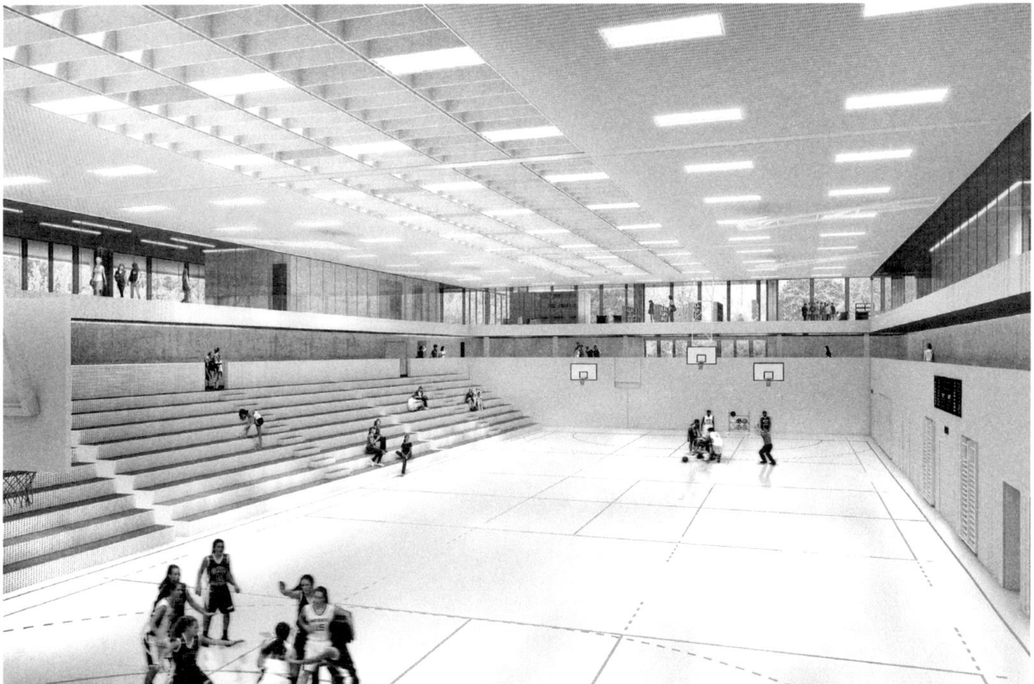

20 m

42 Wohnungen, Villars-sur-Glâne
Wettbewerb 2013, 1. Preis, Realisierung 2015–2018

Das Projekt einer neuen Wohnanlage vor den Toren der Stadt Freiburg folgt dem Rahmen eines bis ins Detail festgelegten Raumordnungsplans mit der Absicht, die bestehenden Abstände zwischen den umliegenden Villen genau zu übernehmen. Die beiden Hauptgebäude liegen an der Route de la Glâne, während drei niedrigere Volumen nach hinten den topografischen Unterschied ausgleichen.

Das Erdgeschoss ist ausschliesslich Geschäften vorbehalten. Die Wohnetagen sind an der Rückseite erschlossen und nur zu Fuss erreichbar. Ein Teil der Wohnungen ist nach Süden ausgerichtet und blickt auf die Freiburger Voralpen, während die hinten liegenden Wohnungen rund um zwei grosse Höfe angelegt sind und eine Ost-West-Orientierung haben. Eine *rue interieur* erschliesst die beiden unteren Wohngeschosse, während die beiden oberen, die mit dieser Verkehrsfläche verbunden sind, über unabhängige Treppenhäuser erschlossen sind.

Die monolithische Fassade besteht aus eingefärbtem Beton. Für Auflockerung sorgen die grossen, weisslich gehaltenen Partien, die von aussen die Aufteilung der Wohnungen verraten.

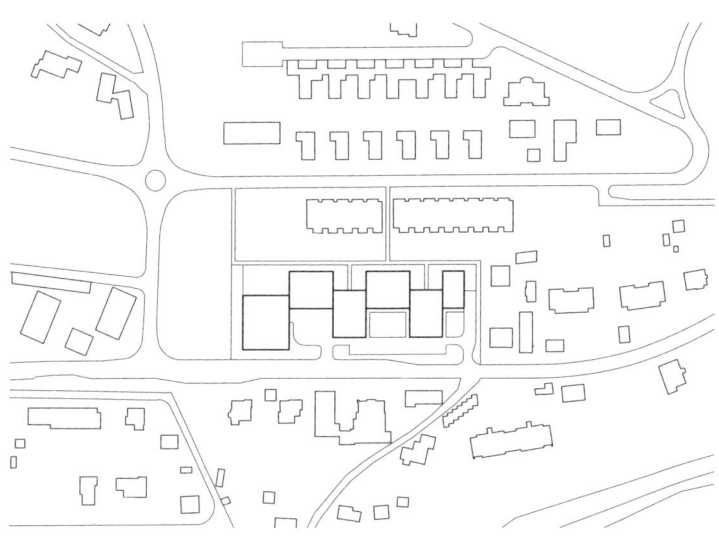

18 Wohnungen, Freiburg
Projekt 2009, Realisierung 2010–2012

Das Freiburger Jura-Quartier besteht aus grossen Häusern mit durchge-
henden Wohnungen mit Ost-West-Ausrichtung. Ein grosser Wohnriegel
schliesst die Anlage ab und begrenzt einen Park am oberen Ende des
Grundstücks. Das neue Gebäude mit 18 Wohnungen steht quer zu den
bestehenden Bauten. Diese Massnahme ermöglicht es nicht nur, den Park
privat zu halten, sondern gestattet darüber hinaus eine Wohnungstypologie
ohne direkten Blickkontakt zur Nachbarschaft. Auch die schlichte Gliederung der Aussenräume ist eine Folge dieser Gebäudeausrichtung.
Die 3,5- und 4,5-Zimmer-Wohnungen laufen quer durch das Gebäude; die
Wohnzimmer sind nach Süden zur Stadt, die Schlafzimmer nach Norden
zum Park ausgerichtet. Die 2,5-Zimmer-Wohnungen liegen nach Süden;
bei ihnen bildet eine Loggia das Zwischenglied zwischen dem Tagesbereich
und dem Schlafzimmer.
Auch die Materialwahl spielt den Kontrast zu den bestehenden Gebäuden
aus. Die gleichförmigen Öffnungen sind nach einem sich wiederholenden
Muster verteilt und betonen die Einheit und Homogenität des Gebäudes.
Lediglich zwei Eckausschnitte stören bewusst diese Ordnung.

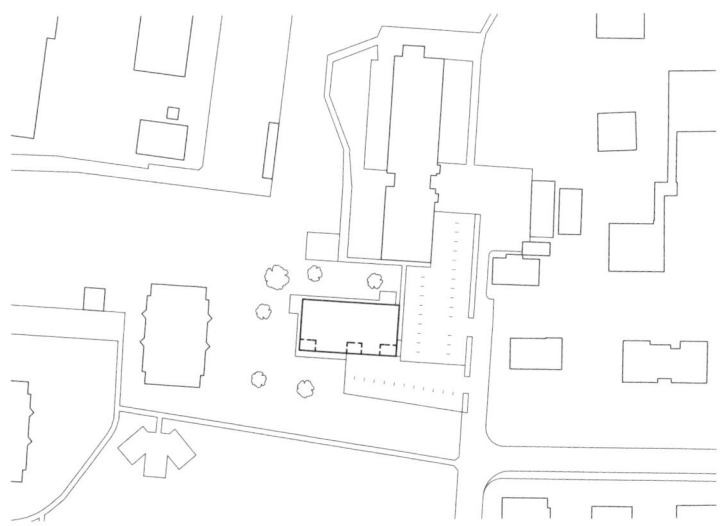

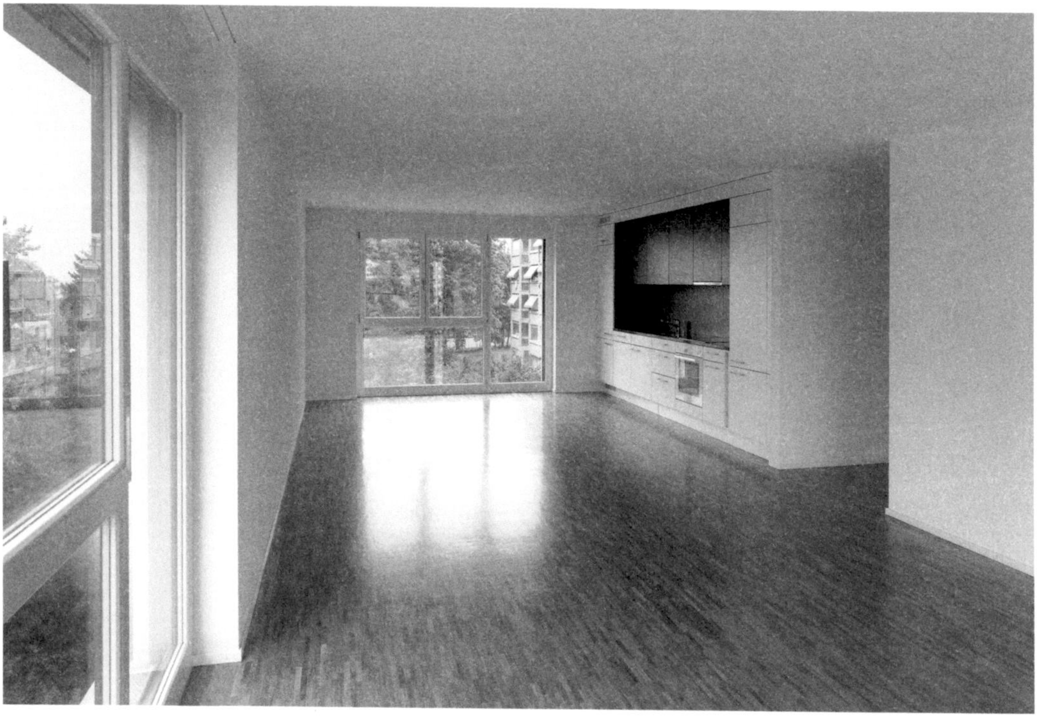

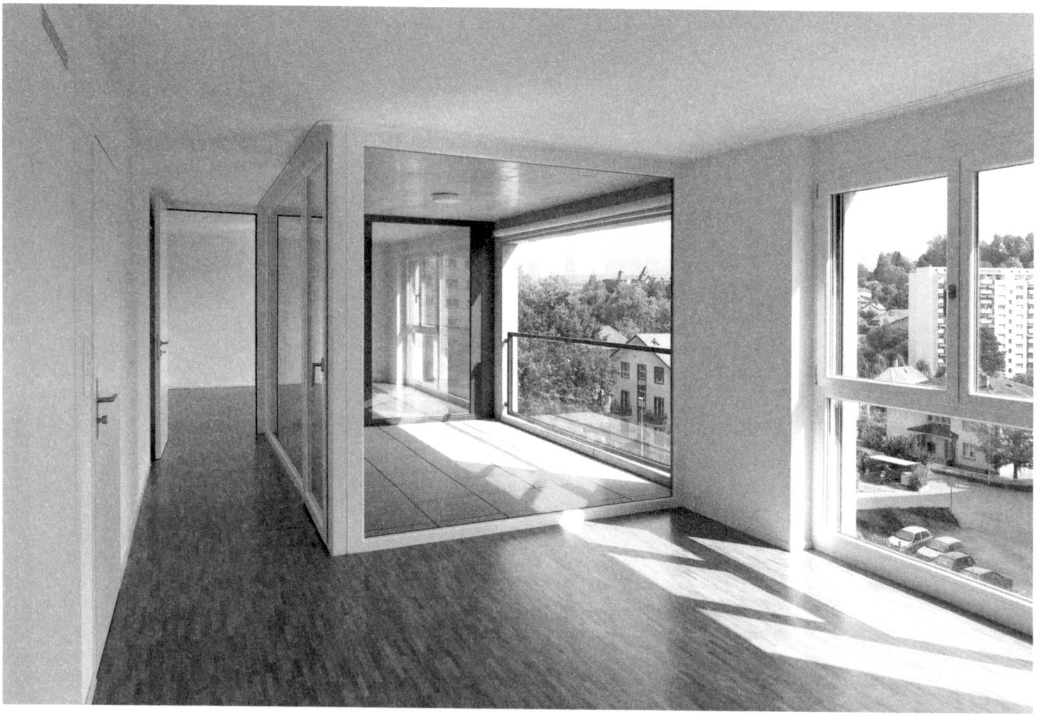

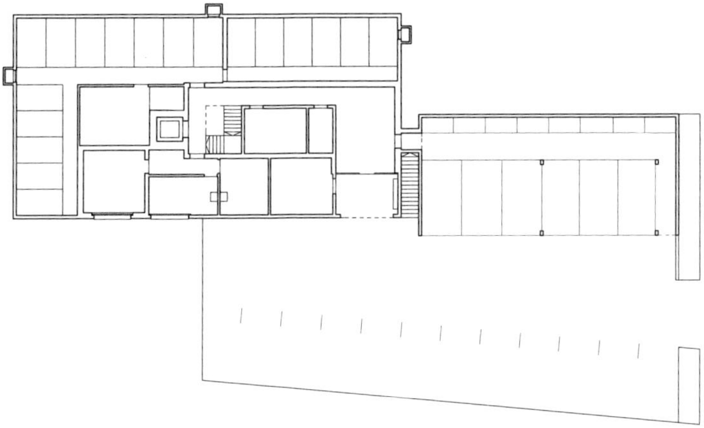

10 m

Kindergarten, Givisiez
Wettbewerb 2010, 1. Preis, Realisierung 2011–2012

Der Kindergarten liegt in einer Grünanlage neben mehreren bestehenden Schulpavillons aus den 1970er Jahren. Die Schule liegt am Haupter-
schliessungsweg des Schulkomplexes. Auf diese Weise verleiht sie dem
Ensemble der Aussenanlagen präzise Gestalt. Das neue Volumen gestaltet
zudem den Eingang zum Schulgelände vom Chemin d'Affry neu. Es ist an
dieser Seite eingekerbt, um eine reduzierte, kindgerechte Volumetrie zu
bieten. Auch die Eingangsfassade des neuen Gebäudes ist eingeschnitten,
um einen neuen überdachten Eingang mit direkter Sichtbeziehung zum
Ensemble der bestehenden Gebäude zu ermöglichen. Die neue Schule
fügt sich der vorherrschenden geometrischen Ordnung des Geländes
(dem Zugangsweg und der Gemeindestrasse), löst sich davon aber in den
quer verlaufenden Erschliessungsflächen zu den vier Klassenzimmern.
Das schräg gestellte Dach spiegelt gleichermassen die doppelte Geometrie
des Gebäudes wider und dynamisiert das Erscheinungsbild des Oberge-
schosses. Die Fassaden des neuen Gebäudes sind aus grün eingefärbtem
Beton und verstärken das Erscheinungsbild eines Spielgeräts für Kinder.
Die Innenräume sind ebenfalls grün gehalten, aber in kräftigerer Tönung.

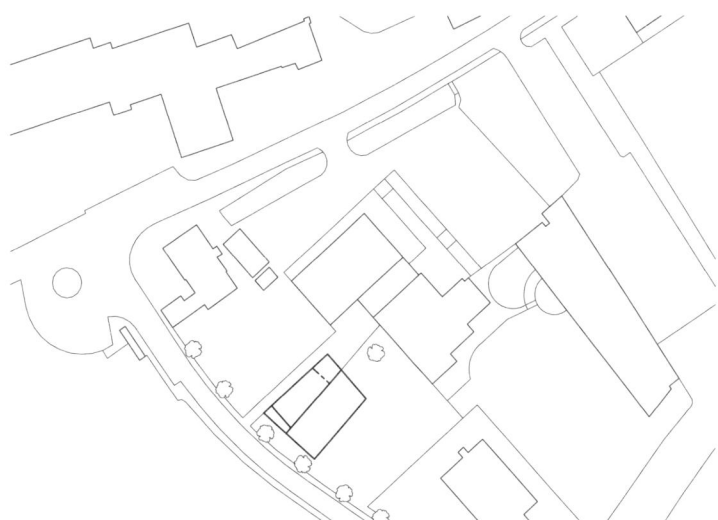

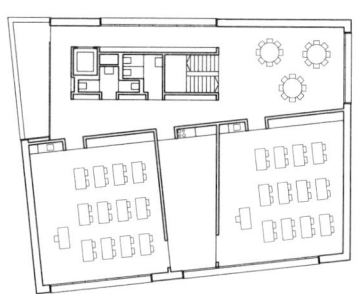

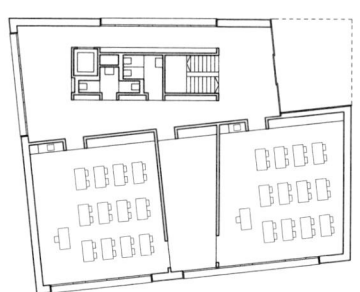

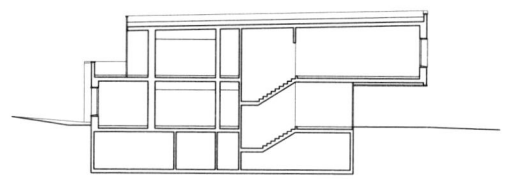

10 m

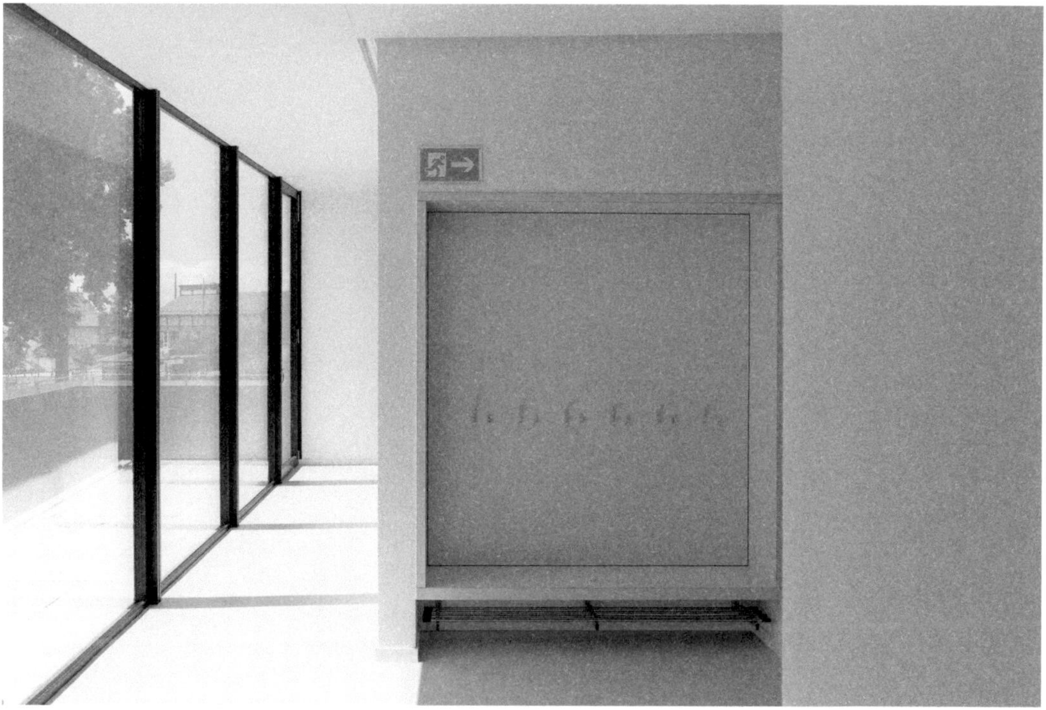

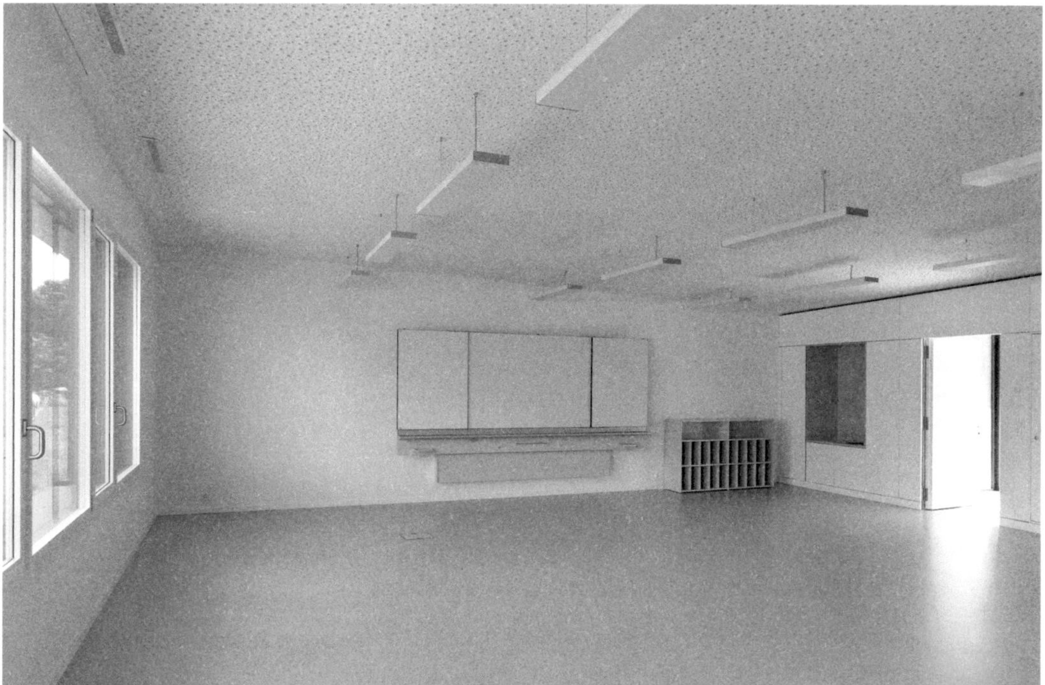

40 Wohnungen, Tentlingen
Projekt 2008, Realisierung 2012–2014

Das neue Quartier Dorfmatte fügt sich in ein ländliches, von zwei Strassen gefasstes Umfeld ein. Drei Volumen sind scheinbar beliebig über das Gelände verteilt, berücksichtigen dabei aber die Orientierungen, unterschiedlichen Ausblicke und bestehenden Zugänge und wahren die Identität der Grünfläche. Die Realisierung ist an dieser Stelle zwar ein deutlicher Eingriff, verweigert sich aber einer städtischen Typologie. Das Spiel der geneigten Dächer erinnert an ländliche Gebäude und die Berge der Umgebung. Es belebt zudem die Komposition und bietet vielfältige Perspektiven. Die Anwohnerparkplätze sind überwiegend unterirdisch angelegt, während sich die Besucherparkplätze am Parkrand befinden. Der ebenerdige Zugang zu den drei Gebäuden ist ausschliesslich zu Fuss erreichbar.
Die Organisation des Grundrisses ermöglicht die Unterbringung von vier Wohnungen pro Stockwerk. Jeweils dienen Loggien beziehungsweise Dacheinschnitte als Übergangszonen zur Landschaft. Die zentrale Position der dienenden Räume erlaubt den Haupträumen eine grössere Flexibilität und ermöglicht eine Vielfalt von Wohnungen in den einzelnen Stockwerken und den drei Gebäuden.

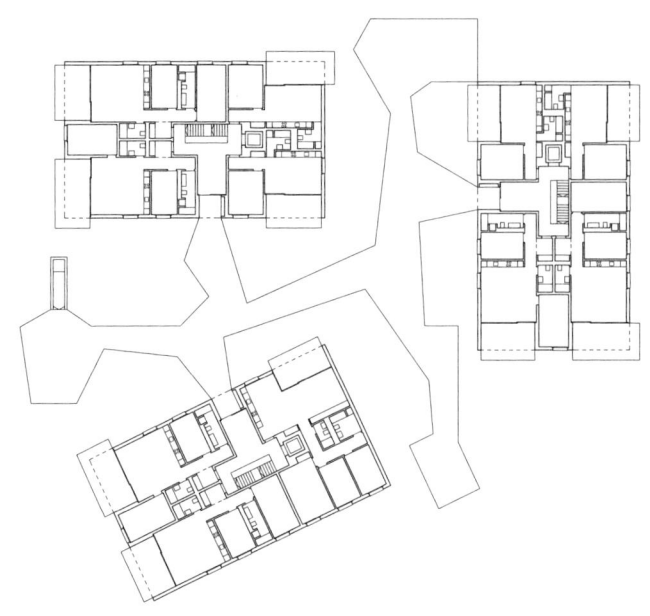

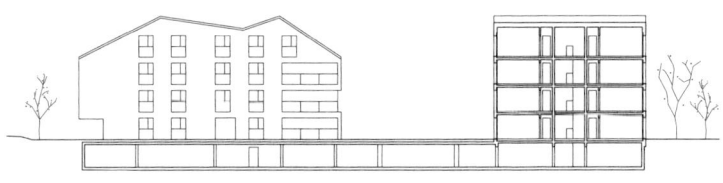

20 m

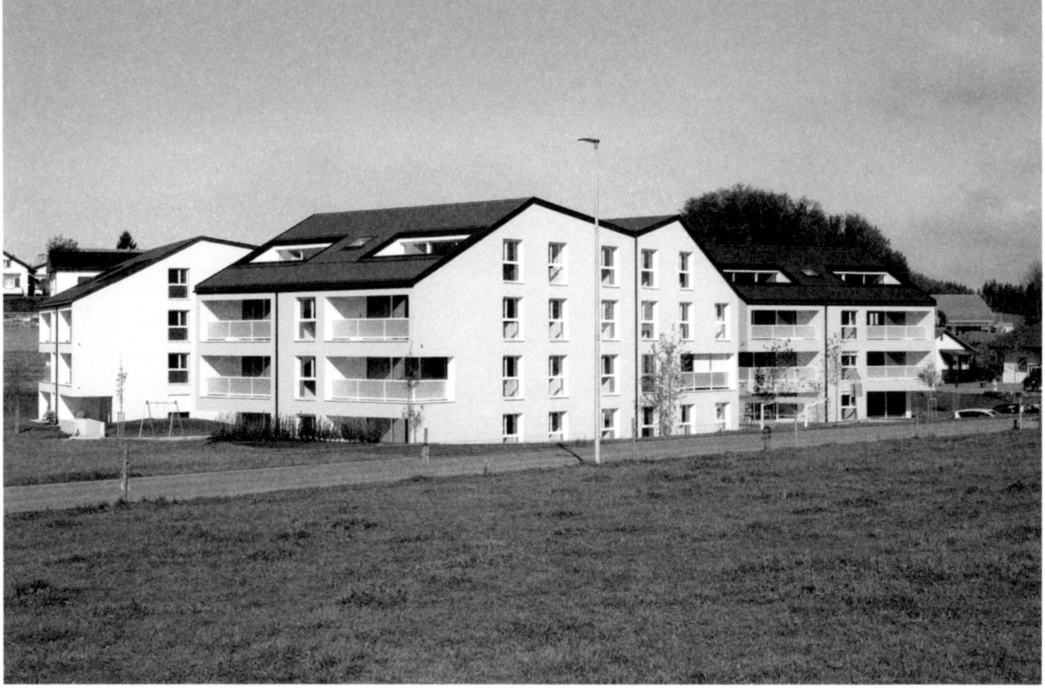

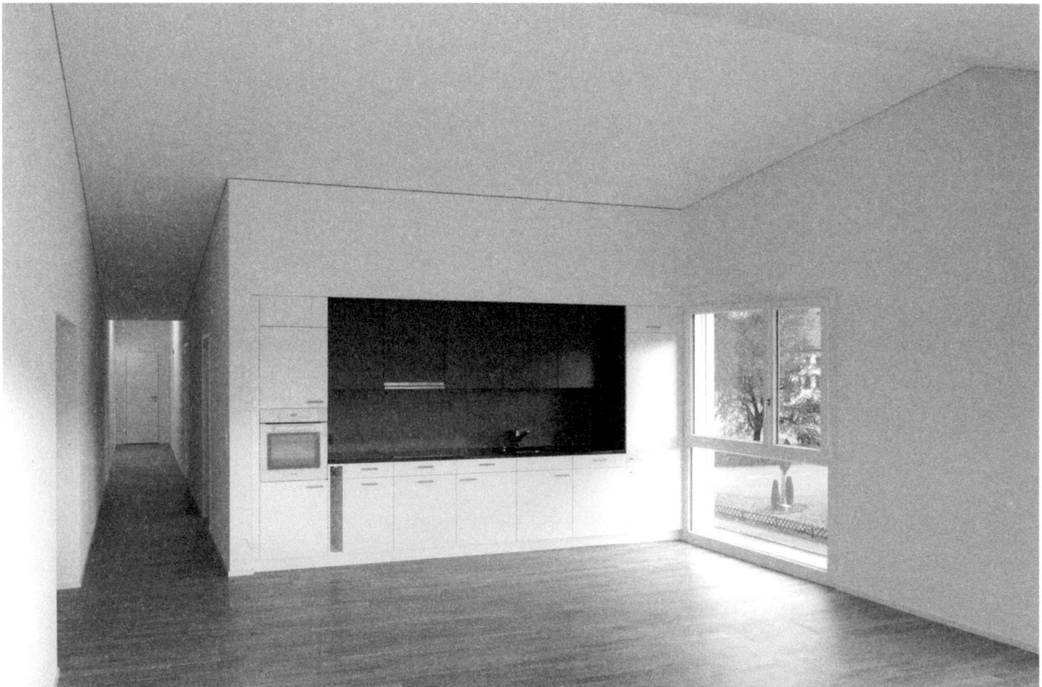

Mehrzweckhalle, Sâles
Wettbewerb 2012, 1. Preis, Realisierung 2012–2014

Die bestehende Sporthalle steht recht zufällig mitten in den Feldern ausserhalb des Dorfs. Die Gemeinde, in der mehrere Vereine tätig sind, wünschte die Errichtung einer neuen Veranstaltungshalle neben der bestehenden. Die Herausforderungen bestanden darin, der Stätte ein markantes Erscheinungsbild zu geben, einen neuen, gemeinsamen Eingangsbereich mit der Sporthalle zu schaffen, den Imbiss neu zu gliedern und die beiden Hallen mit den beiden Zuschauertribünen über die vorhandene Treppenanlage zu erschliessen. Hierzu wurden die verschiedenen Anbauten der bestehenden Halle beseitigt und der Neubau wurde an dieses Gebäude angegliedert, wobei sich der Vorteil eines abwechslungsreichen Bildes der Dachflächen ergibt. Das Ensemble verleiht zugleich den Aussenbereichen eine Gestalt. Es ging nicht darum, die Fassaden des alten Gebäudes unkenntlich zu machen, sondern die unterschiedlichen Zeiten, aus denen die beiden Gebäude stammen, deutlich sichtbar zu halten. Zwei neue Fussballfelder wurden am Rand des Hauptzugangsplatzes angelegt. Das umgebaute Ensemble setzt einen neuen baulichen Massstab in der ländlichen Umgebung und bietet ein einheitliches Erscheinungsbild.

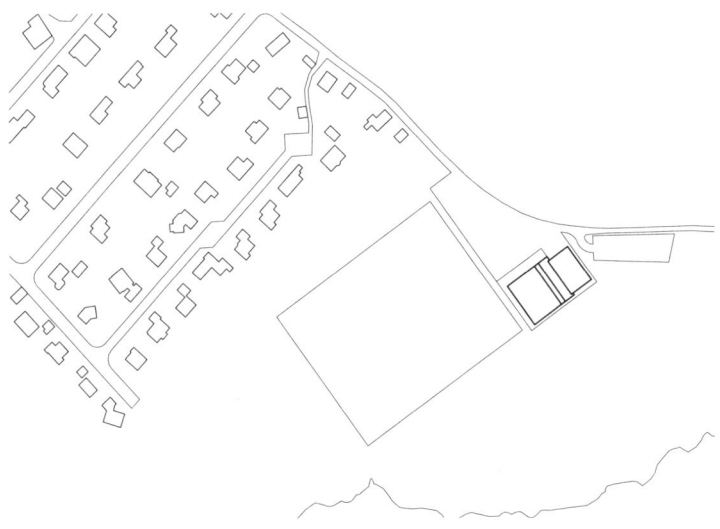

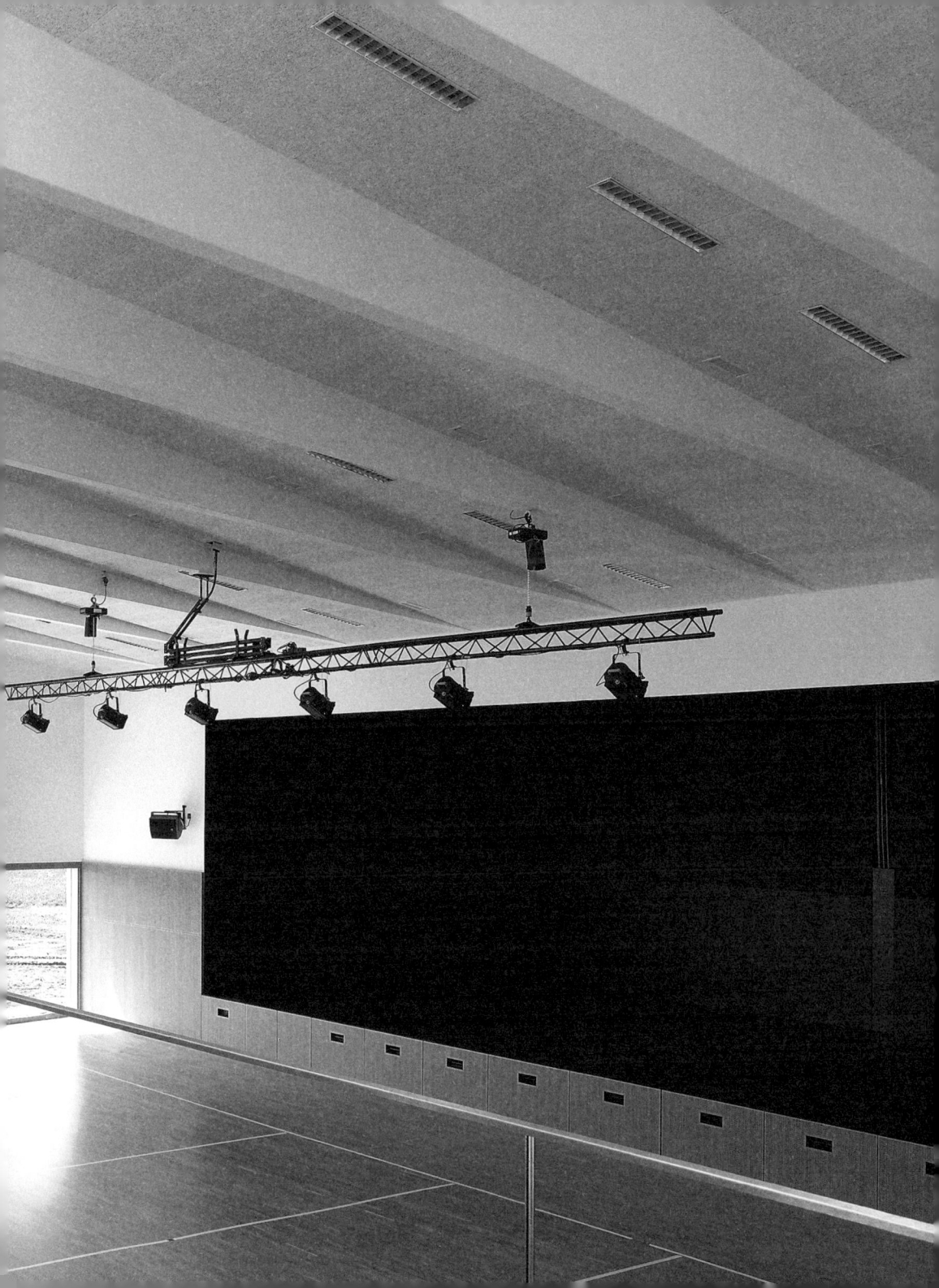

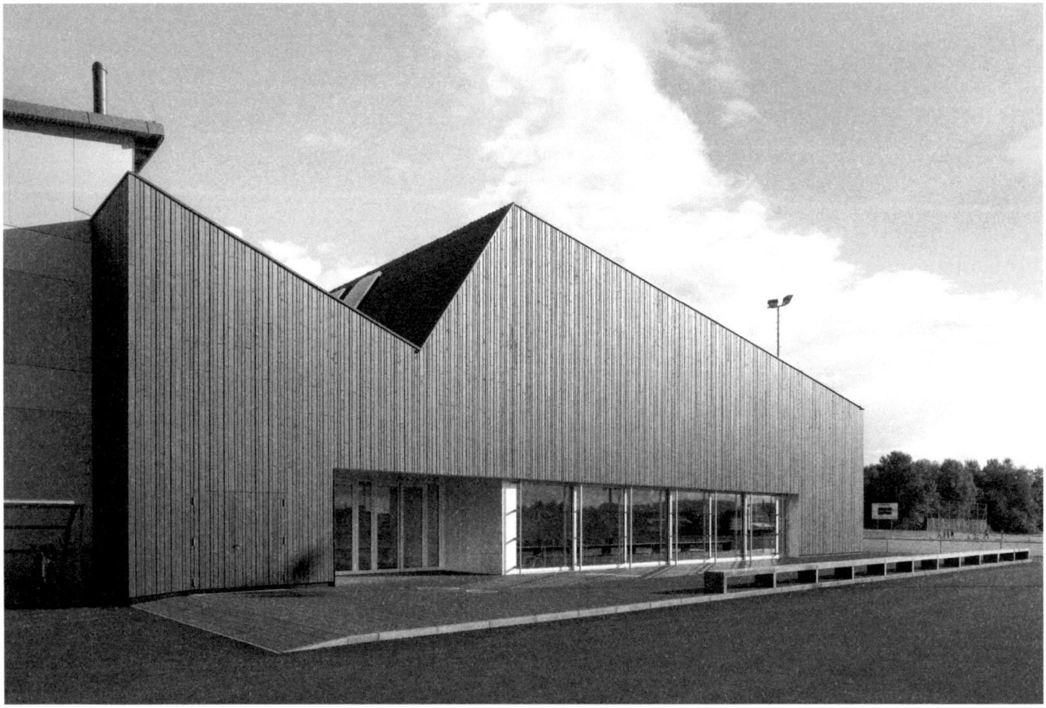

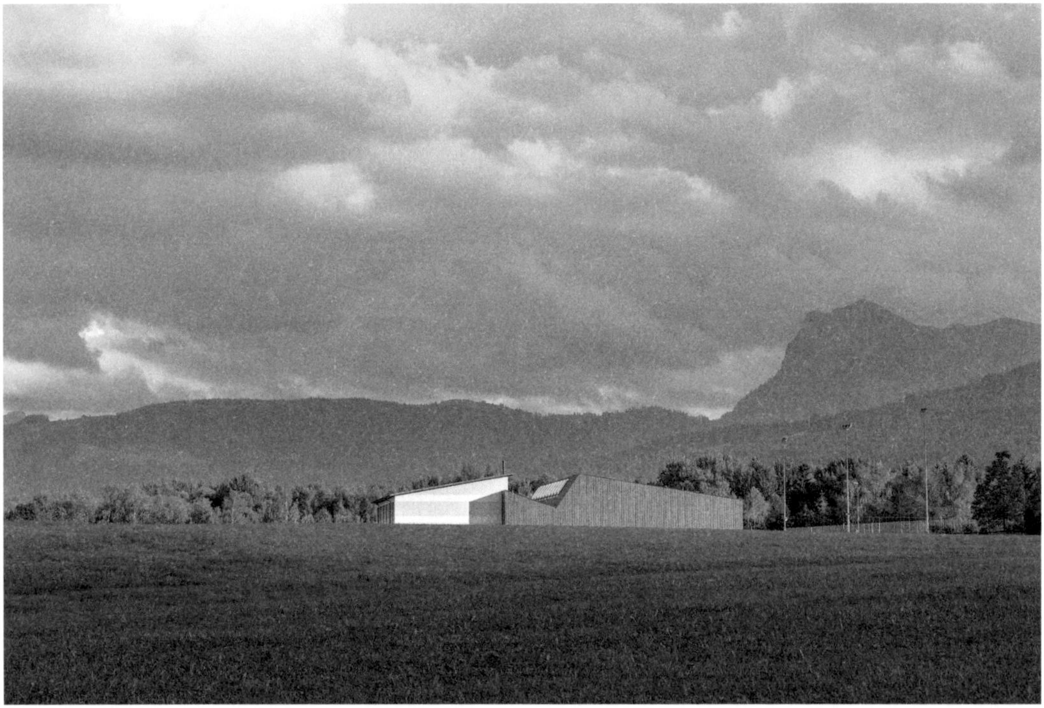

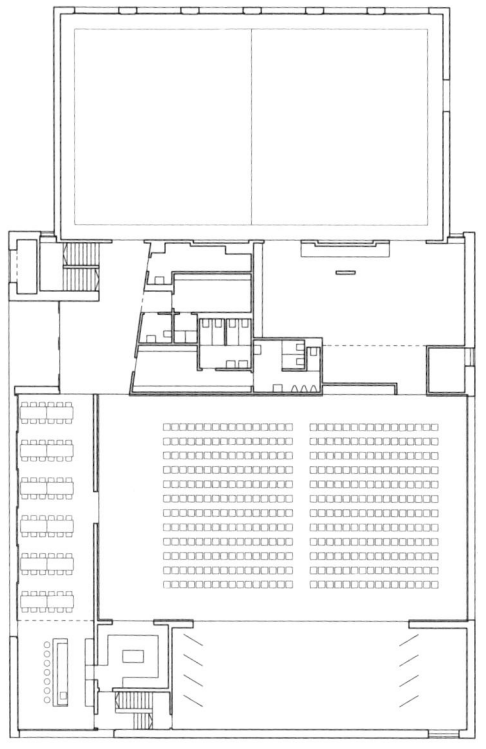

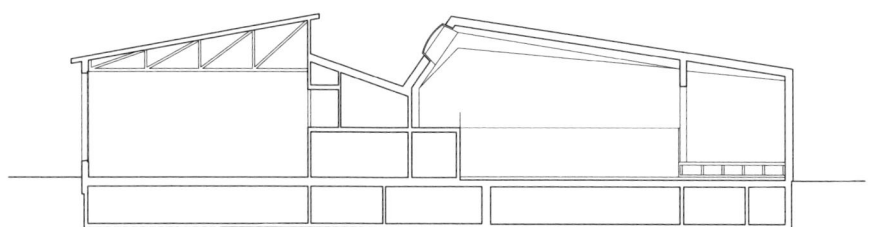

10 m

Alters- und Pflegeheim Gibloux, Farvagny
Wettbewerb 2010, 1. Preis, Realisierung 2014–2017

Das bestehende Heim mit einer Kapazität von 48 Betten steht senkrecht zum Abhang in einem Quartier mit frei stehenden Einfamilienhäusern. Der Zugang erfolgt derzeit direkt vom Parkplatz aus, abrupt und ohne Übergang zum Inneren des Gebäudes. Das Projekt schlägt vor, mit einem Kopfgebäude den Haupteingang neu zu gestalten, die Bettenkapazität auf 72 zu erhöhen und den massigen Eindruck der Volumetrie zu minimieren. Die Funktionen im Inneren werden ebenfalls vollständig neu verteilt.

Der neue Eingang liegt im tiefer gelegenen Teil, wo die Verwaltung und die Tageseinrichtung untergebracht sind. Letztere kann so unabhängig vom Heim funktionieren. Eine Treppe und eine grosse Freifläche verbinden diesen Bereich mit dem oberen, in dem alle Gemeinschaftsbereiche untergebracht sind: Aufenthaltsraum, Cafeteria, Kapelle, Mehrzweckhalle, Betriebsküche. Auf dem Dach ist zudem eine Terrasse untergebracht. Die Zimmer liegen in den oberen Etagen und bieten neue Aufenthaltsbereiche am Schnittpunkt der beiden Gebäudeteile.

Vollständig neu gestaltet ist das Dachgeschoss, in dem die Psychogeriatrie untergebracht ist. Ein Ausgang führt direkt auf das Dach des neuen Gebäudes.

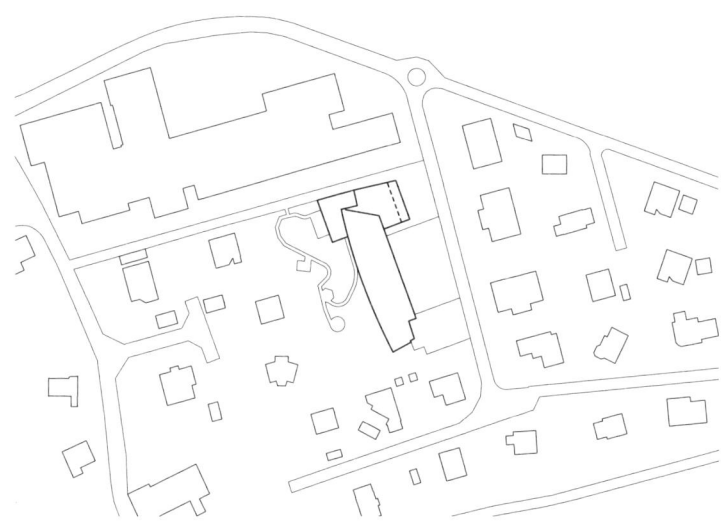

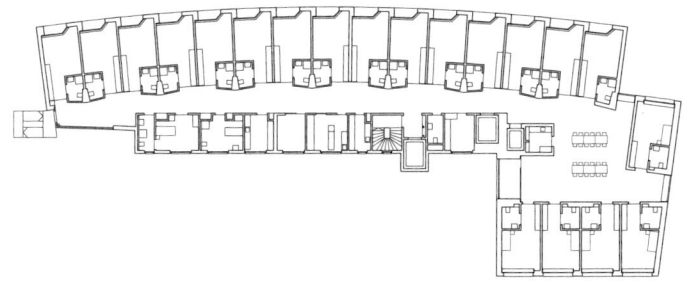

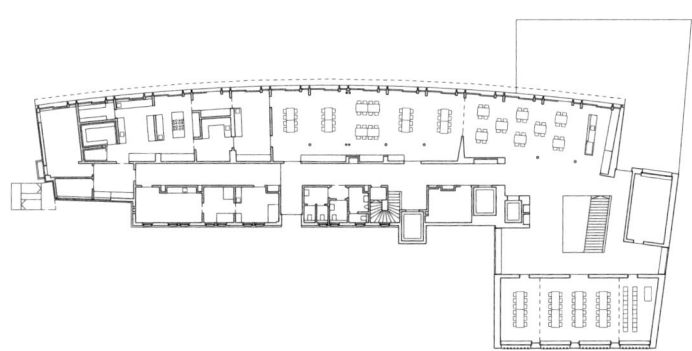

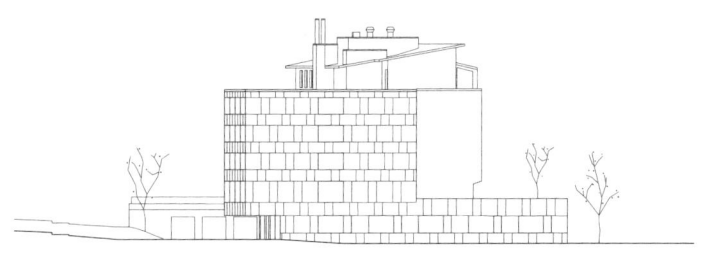

20 m

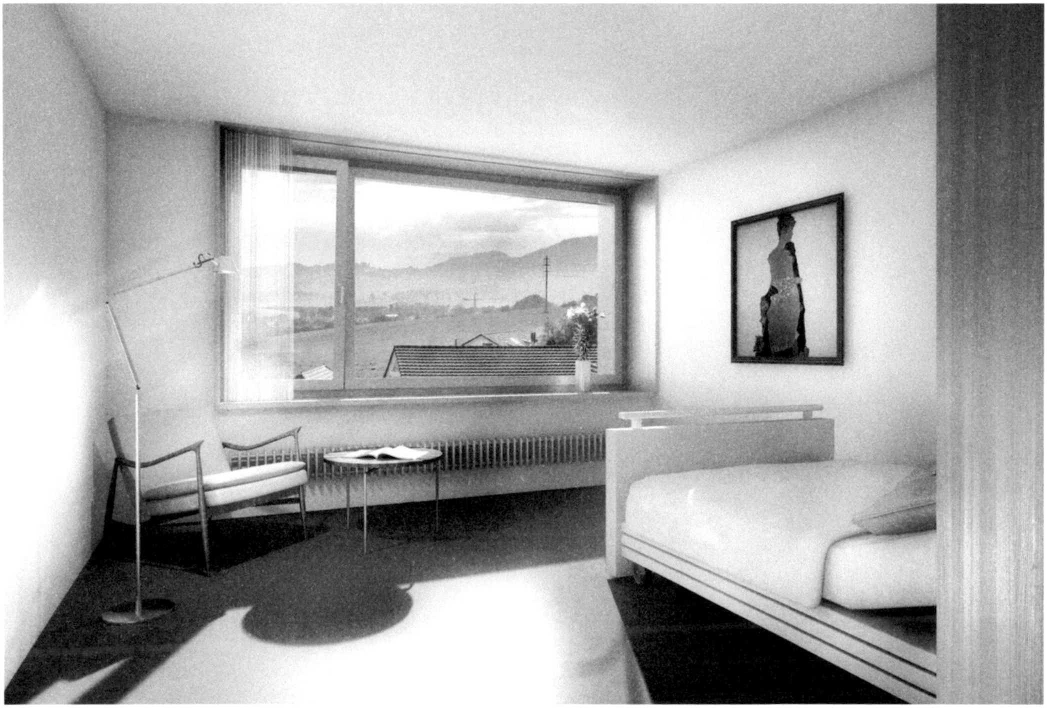

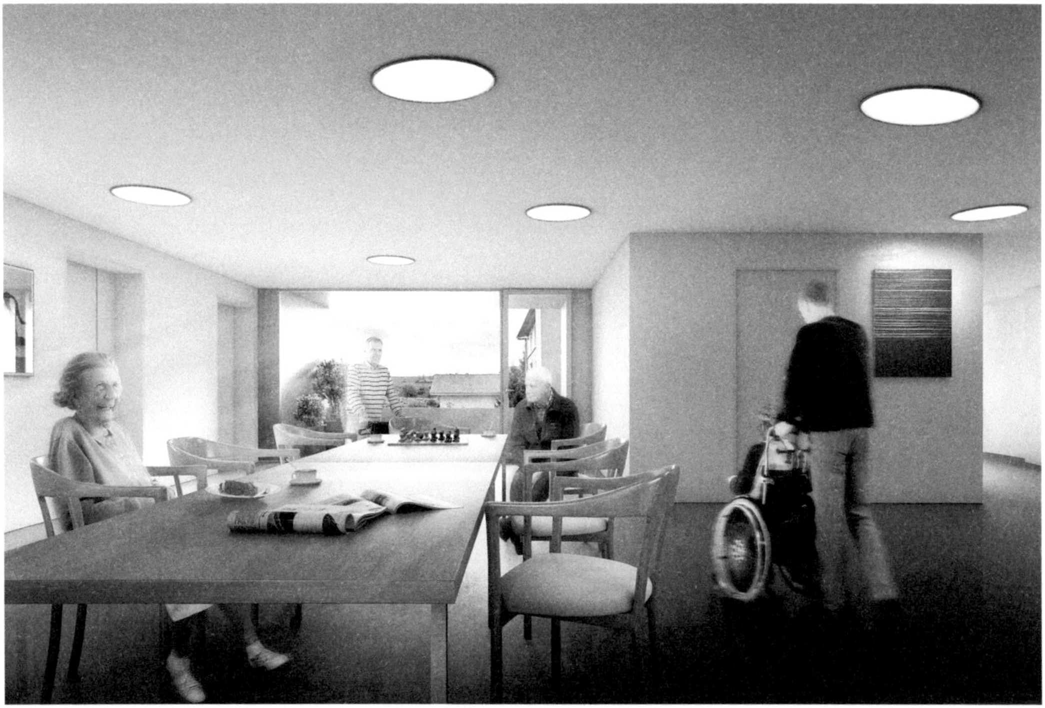

Wohnanlage La Toula, Bulle
Wettbewerb 2013

Der Standort des Projekts ist eine der letzten «ländlichen Wiesen» mitten im Zentrum der Stadt Bulle. Die schnelle Verdichtung dieser Stadt geht zu Lasten des ländlichen Charakters des Greyerzbezirks. Dieses «grüne Inselchen» liegt als Gelenkstück zwischen der Altstadt und dem Gewerbegebiet. Das Konzept sieht vor, das Grün zu erhalten und auf dem Gelände ein aufgeteiltes Gebäude von organischer Gestalt zu errichten, das drei Teilräume im Innern der Grünanlage definiert. Die facettenreiche Gliederung des Komplexes ergibt vielfältige Ausblicke auf die öffentliche Grünanlage. Der Abstand des Gebäudes zur Strasse unterstreicht dieses Thema. Das «grüne» Erdgeschoss kann überall durchquert werden und wird durch kleine Läden komplettiert.
Die 130 Wohnungen liegen über dem Garten. Bei der harmonisch abgestimmten Dichte gibt es praktisch keine direkten Blickbeziehungen zwischen den Wohnungen. Die durchgängigen Wohnungen blicken auf der einen Seite zum Parkinneren und auf der anderen Seite nach aussen. Die Parkplätze sind unterirdisch untergebracht, abgesehen von einigen Plätzen am Rand der Parzelle.

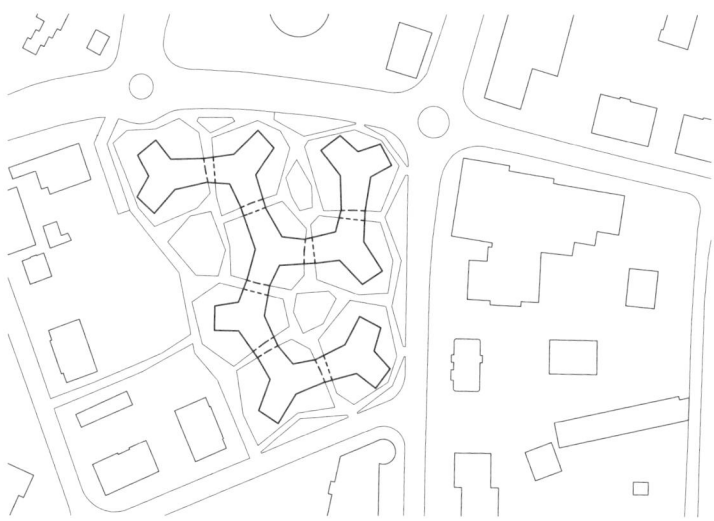

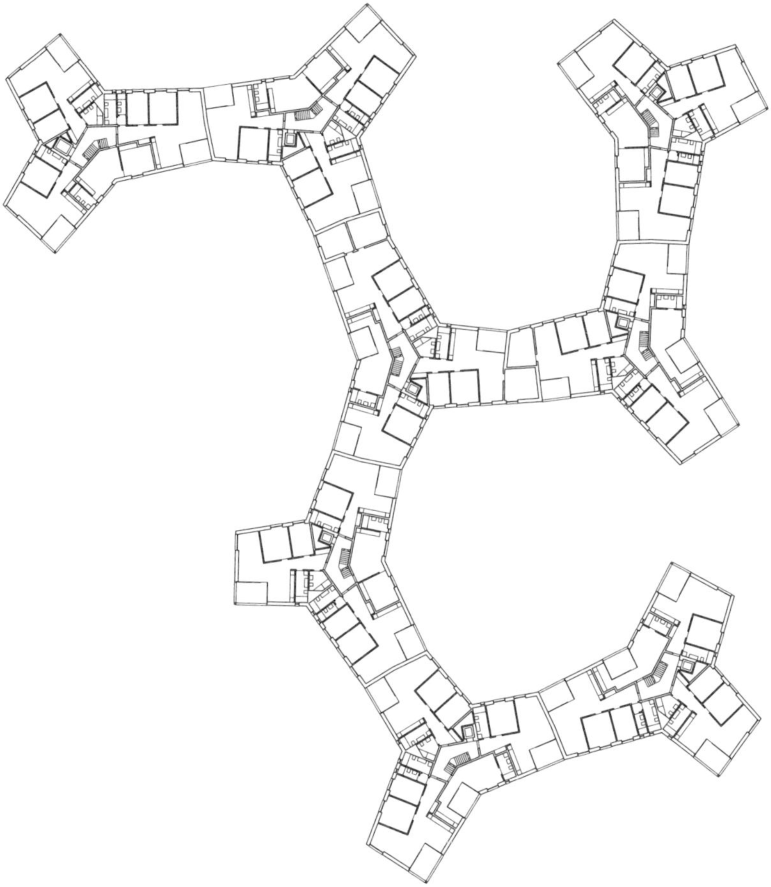

20 m

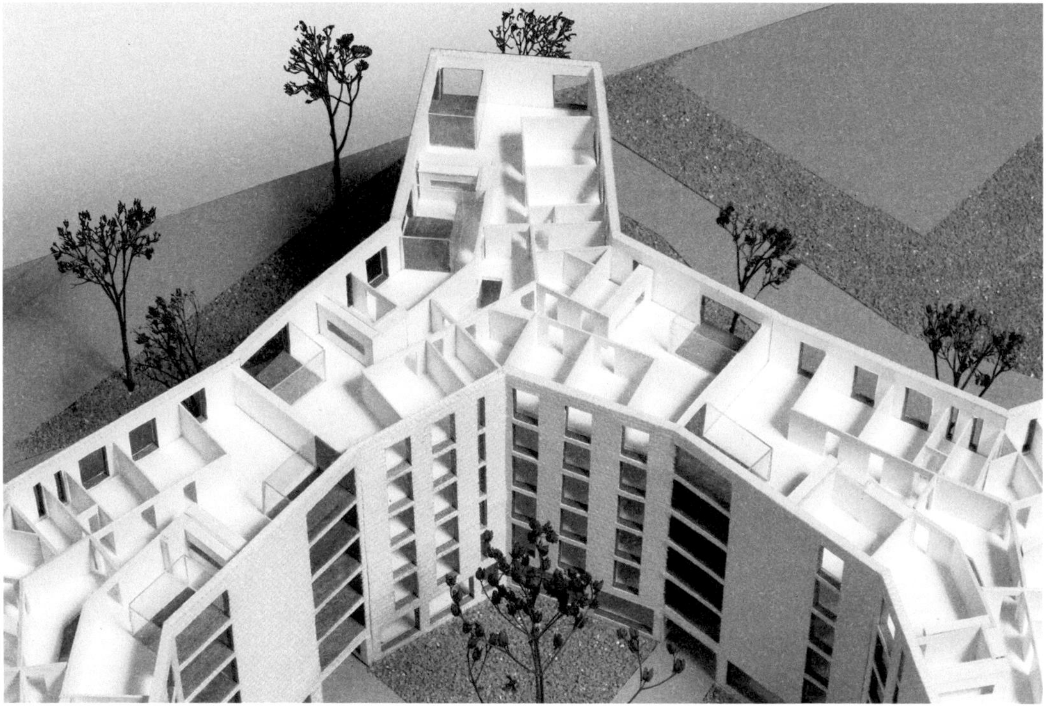

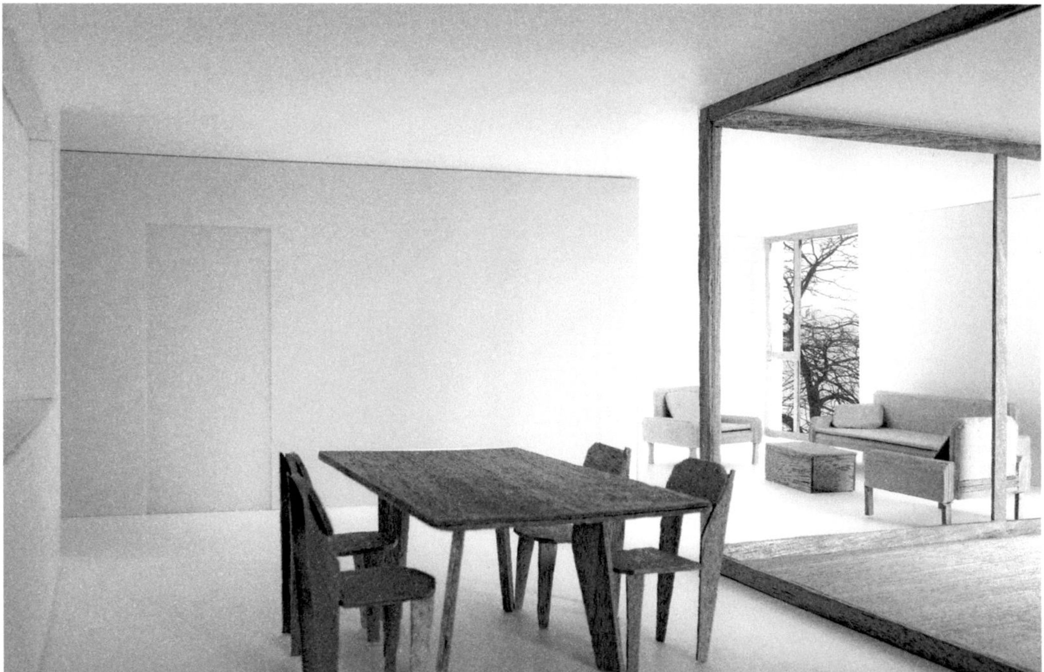

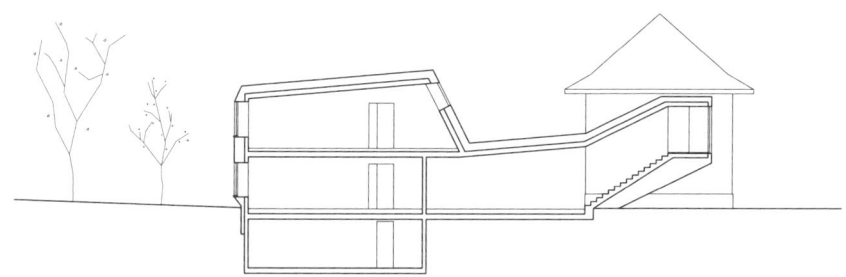

10 m

Gemeindeverwaltung, Matran
Projekt 2014, Realisierung 2016–2017

Die alte Schule von Matran ist ein historisches Gebäude, das im Freiburger Denkmalverzeichnis eingetragen, aber zurzeit verlassen und verwahrlost ist. Die Gemeinde hat beim Architektenbüro angefragt, welches Potenzial für eine Neunutzung des Gebäudes mit sehr kleiner Grundfläche besteht. Das alte Klassenzimmer im Obergeschoss ist repräsentativ für den Schulbau jener Epoche. Gewünscht wurde eine öffentliche Funktion, um diesen wichtigen Raum aufzuwerten und dieses qualitätsvolle öffentliche Gebäude zu erhalten. Die geringe Grundfläche erfordert eine Volumenerweiterung. Dieses facettenreiche neue Gebäude mit ausdrucksstarker Form «krallt» sich an die alte Schule, die als Zeugnis ihrer Epoche bestehen bleibt.

Die Gemeindeverwaltung wird in den beiden Geschossen des neuen, mit Holz verkleideten Gebäudes untergebracht, während der Eingangsbereich im unteren Teil des Anbaus zugleich den Übergang zum Altbau herstellt. Die Zugangstreppe zum neuen Mehrzwecksaal im Obergeschoss des Altbaus zeigt sich in repräsentativer Form aussen an der Fassade. Durch die Materialwahl hebt sich die Erweiterung deutlich vom alten Gebäude ab.

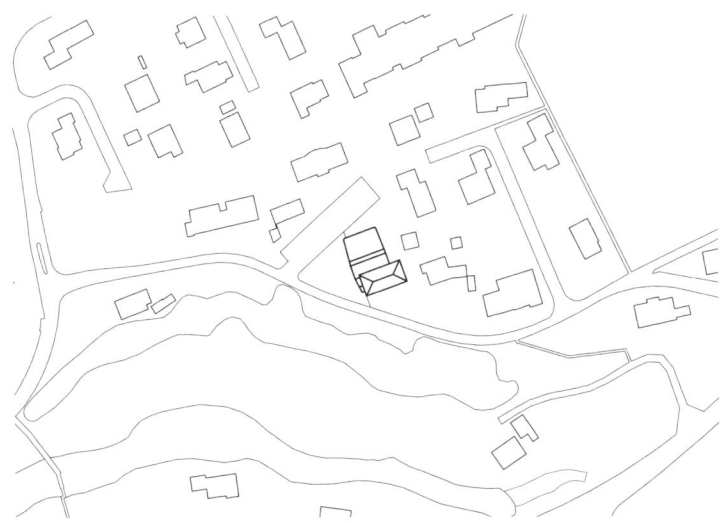

Werkverzeichnis

1

2

3

4

5

6

2004	1	Wettbewerb Berufsschule, Freiburg; 6. Preis
		Wettbewerb Militärische Halle für Panzer, Bière; 4. Preis
2005		Wettbewerb Berufsschule, Freiburg; 7. Preis
2006		Therapeutisches Tageszentrum, Givisiez
		(Wettbewerb 2004; 1. Preis)
	2	Wettbewerb Primarschule, Attalens; 2. Preis
2007	3	Wettbewerb Alters- und Pflegeheim, Cugy; 5. Preis
		Wettbewerb Kindergarten, Courtepin; 2. Preis
2008	4	Wettbewerb Wankdorf, Bern; 1. Preis, 2. Rang
		(mit KPA architekten)
2009		Einfamilienhaus, Bonnefontaine
		Oberschule, Domdidier (Wettbewerb 2006; 1. Preis)
2010	5	Umbau Verwaltung «CROCS», Domdidier
	6	Einfamilienhaus, St-Sylvestre
2011		Primarschule, St-Cierges (Wettbewerb 2009; 1. Preis)
	7	Wettbewerb Primarschule, Châtonnaye
		72 Wohnungen, Freiburg
	8	Umbau von 2 Wohnungen, Freiburg
2012		Kindergarten, Givisiez (Wettbewerb 2010; 1. Preis)
		18 Wohnungen, Freiburg

2013		Einfamilienhaus, Marly; Auszeichnung

2013   Einfamilienhaus, Marly; Auszeichnung
        «best architects 16»
        Wettbewerb Wohnanlage La Toula, Bulle
2014   Mehrzweckhalle, Sâles (Wettbewerb 2012; 1. Preis);
        Auszeichnung «best architects 16»
        40 Wohnungen, Tentlingen
   9   Wettbewerb 18 Wohnungen für Senioren, Freiburg;
        3. Preis

7

Laufende Projekte
   10   8 Eigentumswohnungen, Freiburg
   11   8 Wohnungen, Onnens
        Gemeindeverwaltung, Matran
   12   8 Eigentumswohnungen, Lentigny
        Alters- und Pflegeheim Gibloux, Farvagny
        (Wettbewerb 2010; 1. Preis)
        Sekundarschule Gilamont, Vevey (Wettbewerb
        2013; 1. Preis)
        42 Wohnungen, Villars-sur-Glâne (Wettbewerb 2013;
        1. Preis)

8

9

10

11

12

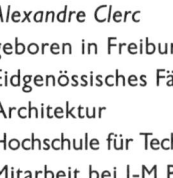

Alexandre Clerc

1973	geboren in Freiburg
1988–1992	Eidgenössisches Fähigkeitszeugnis Zeichner Architektur
1993–1996	Hochschule für Technik und Architektur, Freiburg
1997–1998	Mitarbeit bei J-M Bovet, Freiburg
1998–2001	Mitarbeit bei O. Charrière, Bulle
2001–2003	Mitarbeit bei Devanthéry & Lamunière, Genf
2003	Gründung ACARCHITECTES, Fribourg
seit 2008	Professor an der Hochschule für Technik und Architektur, Freiburg

Thomas Waeber

1981	geboren in Freiburg
1999–2004	Eidgenössisches Fähigkeitszeugnis Zeichner Architektur
2004–2007	Hochschule für Technik und Architektur, Freiburg
2007–2011	Mitarbeit bei Rolf Mühlethaler, Bern
2011–2013	Mitarbeit bei ACARCHITECTES
seit 2014	Mitglied der Geschäftsleitung bei ACARCHITECTES

Fabrice Macheret

1982	geboren in Freiburg
1997–2001	Eidgenössisches Fähigkeitszeugnis Zeichner Architektur
2001–2004	Hochschule für Technik und Architektur, Freiburg
2006–2011	Mitarbeit bei Page architectes, Freiburg
2011–2013	Mitarbeit bei ACARCHITECTES
seit 2014	Mitglied der Geschäftsleitung bei ACARCHITECTES

Mitarbeiter/-innen 2004–2015	Xavier Perez, Pascal Yerly, Yannick Jolliet, Cédric Bongard, Arnaud Bugnon, Célia Soltermann, Mariève Prudat, Andy Walder, Nuria Bravo, Laurent Probst, Jérémy Binder, Samuel Vicente, Mathieu Monbaron, Anne-Laure Oberson, Pascal Deschenaux, Henri-Dominique Uldry, Alain Dafflon, Nicolas Jacot, Mathieu Ziegenhagen, Fanny Janin, Arnaud Scheurer, Lucien Bourban, Cindy Limat, Jorge Manuel de Jesus, Carole Andrey

Finanzielle und ideelle Unterstützung

Ein besonderer Dank gilt den Institutionen und Sponsorfirmen, deren finanzielle Unterstützung wesentlich zum Entstehen dieser Publikation beigetragen hat. Ihr kulturelles Engagement ermöglicht ein fruchtbares Zusammenwirken von Baukultur, öffentlicher Hand, privater Förderung und Bauwirtschaft.

ERNST GÖHNER STIFTUNG

Antiglio SA / Routes Modernes SA, Fribourg

Geneux Dancet SA, Fribourg

Noël Ruffieux & Fils SA, Epagny/Gruyères

AWA Constructions Métalliques SA, Marly

Glas Trösch AG, Bützberg

RealSport Group, Rossens

Crinimax Clément Peinture SA, Fribourg

Groupe E Connect SA, Matran

Sassi SA, Corminbouef

Edy Toscano SA, Domdidier

HKM SA, Givisiez

Zumtobel Lumière SA, Romanel-sur-Lausanne

Die neue Küche GmbH, Niederwangen; Fire System SA, Bulle

Quart Verlag Luzern

Anthologie – Werkberichte junger Architekten

31 Alexandre Clerc (dt; fr; extra sheet with English translation)
30 Büro Konstrukt (dt; extra sheet with English translation)
29 Blättler Dafflon (dt; extra sheet with English translation)
28 Amrein Herzig (dt; extra sheet with English translation)
27 Rapin Saiz (dt; extra sheet with English and French translation)
26 Frei + Saarinen (dt; extra sheet with English translation)
25 Edelmann Krell (dt; extra sheet with English translation)
24 Localarchitecture (dt; extra sheet with English and French translation)
23 horisberger wagen (dt; extra sheet with English translation)
22 phalt (dt; extra sheet with English translation)
21 Kunz und Mösch (dt; extra sheet with English translation)
20 Rolf Meier, Martin Leder (dt; extra sheet with English translation)
19 Philipp Wieting – Werknetz Architektur (dt; extra sheet with English translation)
18 frundgallina (dt; extra sheet with English translation)
17 Thomas K. Keller (dt; extra sheet with English translation)
16 Durrer Linggi (dt; extra sheet with English translation)
15 Allemann Bauer Eigenmann (dt; extra sheet with English translation)
14 Baserga Mozzetti (dt; extra sheet with English and Italian translation)
13 OOS (dt; extra sheet with English translation)
12 UNDEND (dt; extra sheet with English translation)
11 Corinna Menn (dt; extra sheet with English translation)
10 Michael Meier und Marius Hug (dt; extra sheet with English translation)
9   BDE Architekten (dt; extra sheet with English translation)
8   weberbrunner (dt; extra sheet with English translation)
7   huggenbergerfries (dt; extra sheet with English translation)
6   Müller Sigrist (dt)
5   Beda Dillier (dt)
4   Bünzli & Courvoisier (dt; extra sheet with English translation)
3   Peter Kunz (dt; extra sheet with English and Italian translation)
2   Buchner Bründler (dt; extra sheet with English translation)
1   Niklaus Graber & Christoph Steiger (dt; extra sheet with English translation)

Quart Verlag GmbH, Heinz Wirz, CH-6006 Luzern
books@quart.ch, www.quart.ch